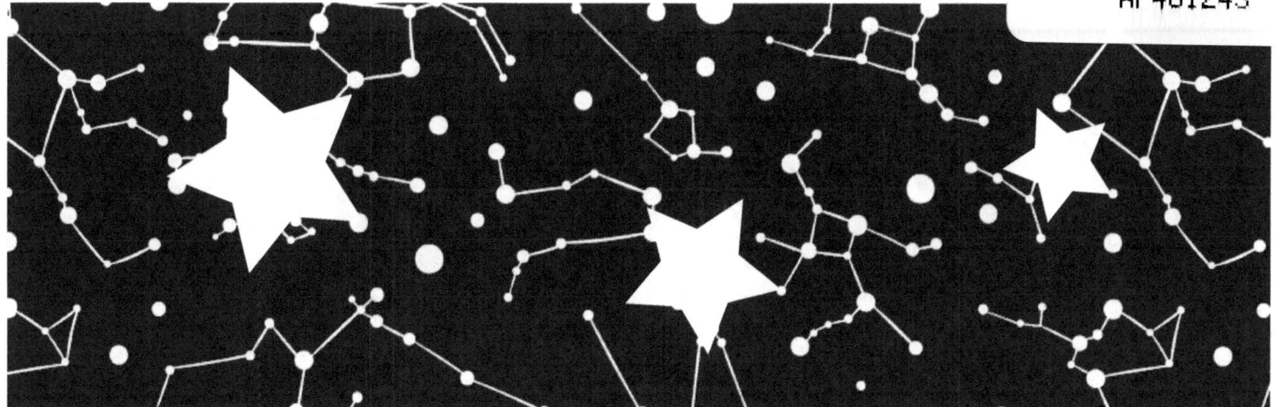

ASTROLOGIE

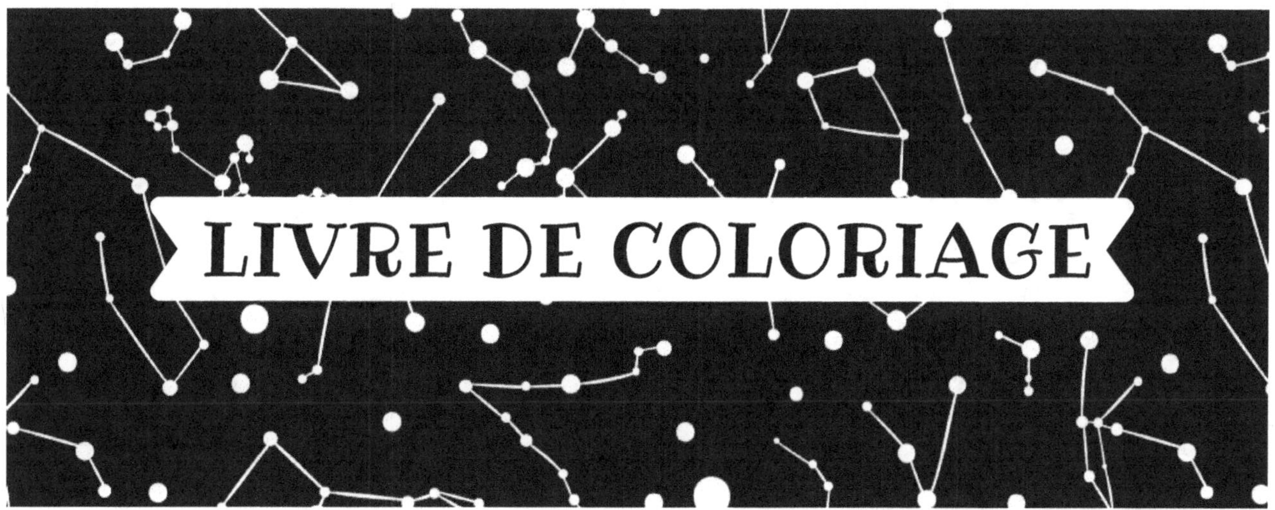

BELIER

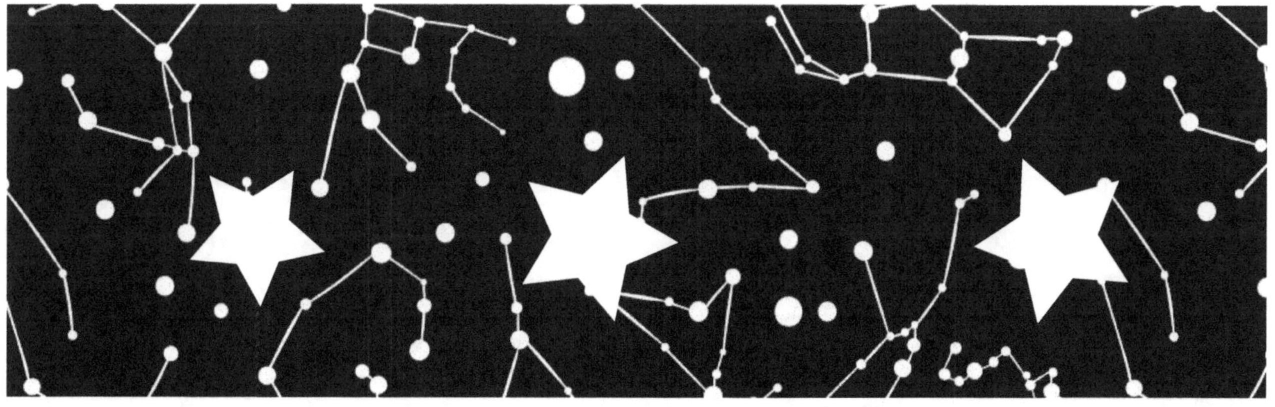

— PARTIE 1 —

Astrologie et signes du Zodiaque

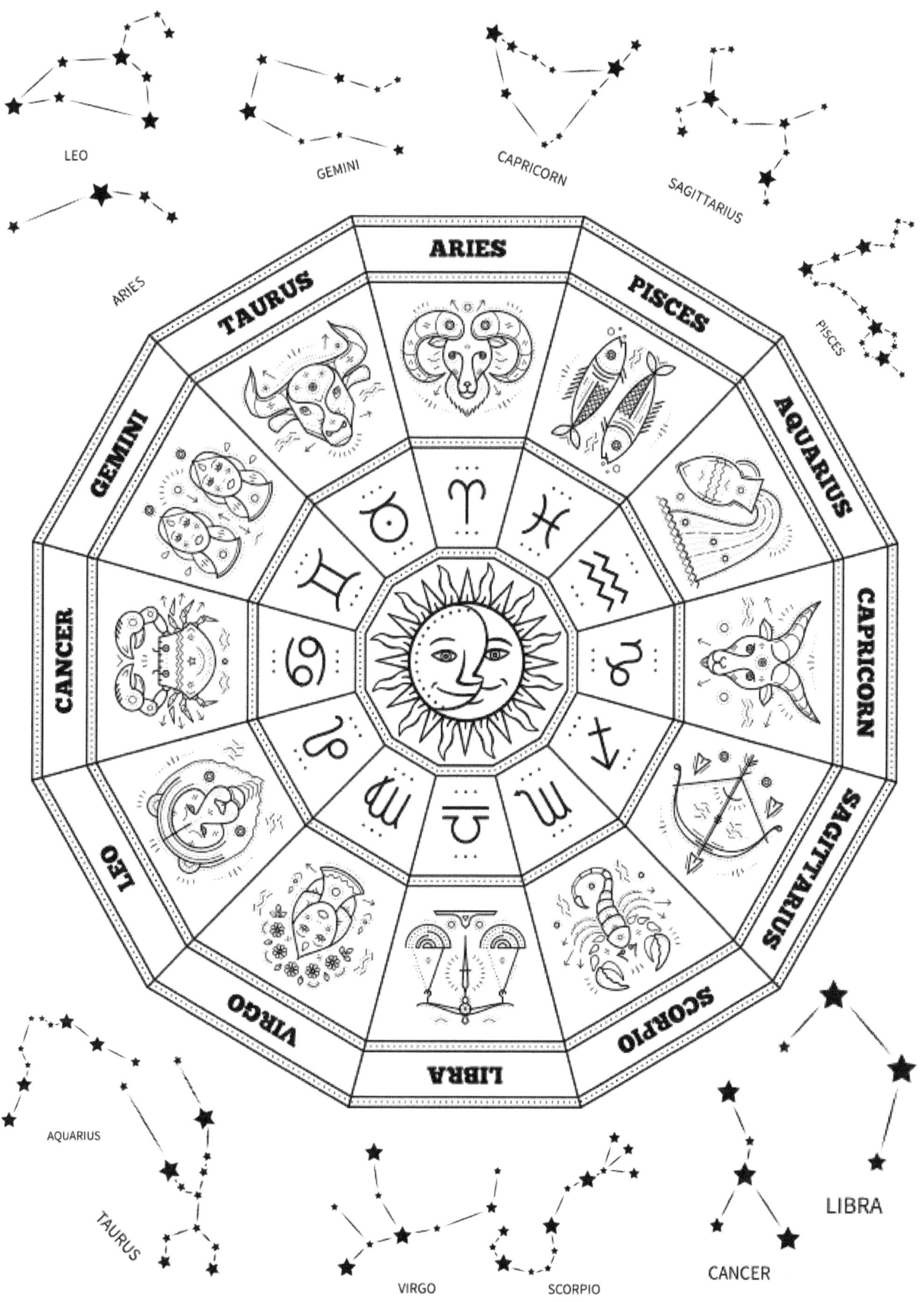

LEO
GEMINI
CAPRICORN
SAGITTARIUS
ARIES
PISCES
ARIES
TAURUS
PISCES
GEMINI
AQUARIUS
CANCER
CAPRICORN
LEO
SAGITTARIUS
VIRGO
SCORPIO
LIBRA
AQUARIUS
TAURUS
VIRGO
SCORPIO
LIBRA
CANCER

VERSEAU

21 janvier - 18 Février

POISSONS

19 Février - 20 Mars

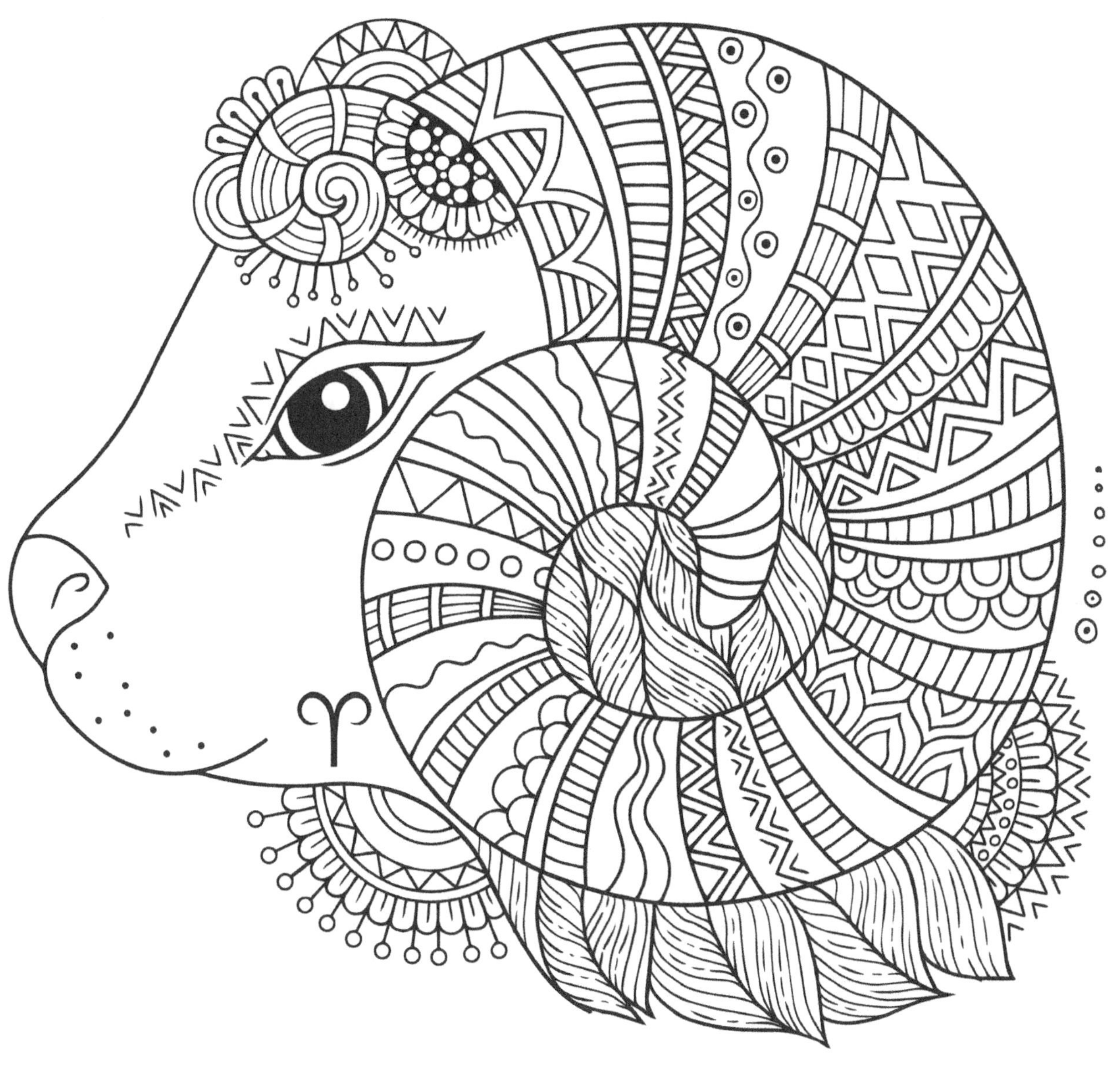

BELIER

21 Mars- 20 Avril

TAUREAU

21 Avril - 20 Mai

GEMEAUX

21 Mai - 21 Juin

CANCER

22 Juin - 22 Juillet

LION

23 Juillet - 22 Août

VIERGE

23 Août - 22 Septembre

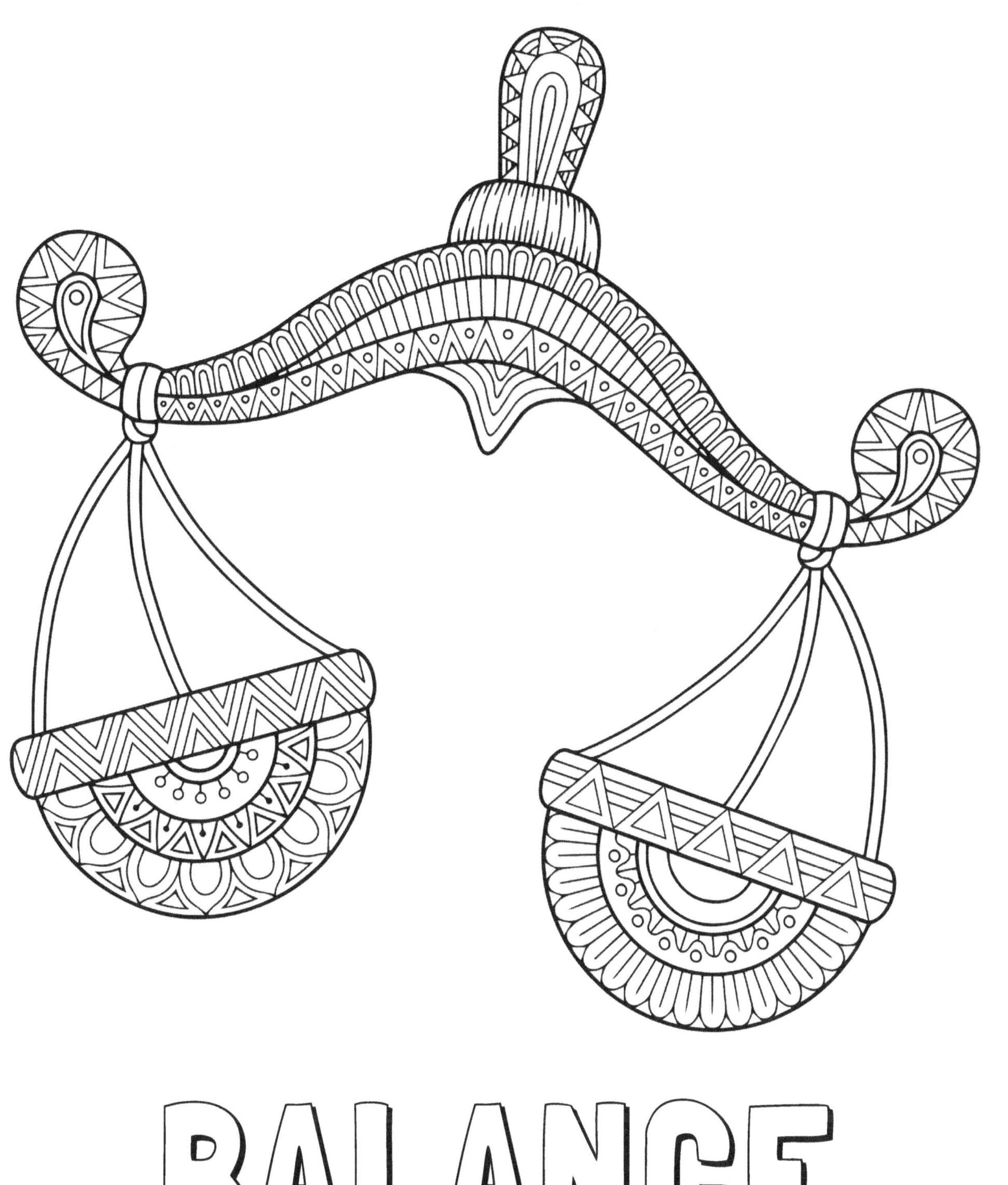

BALANCE

23 Septembre - 22 Octobre

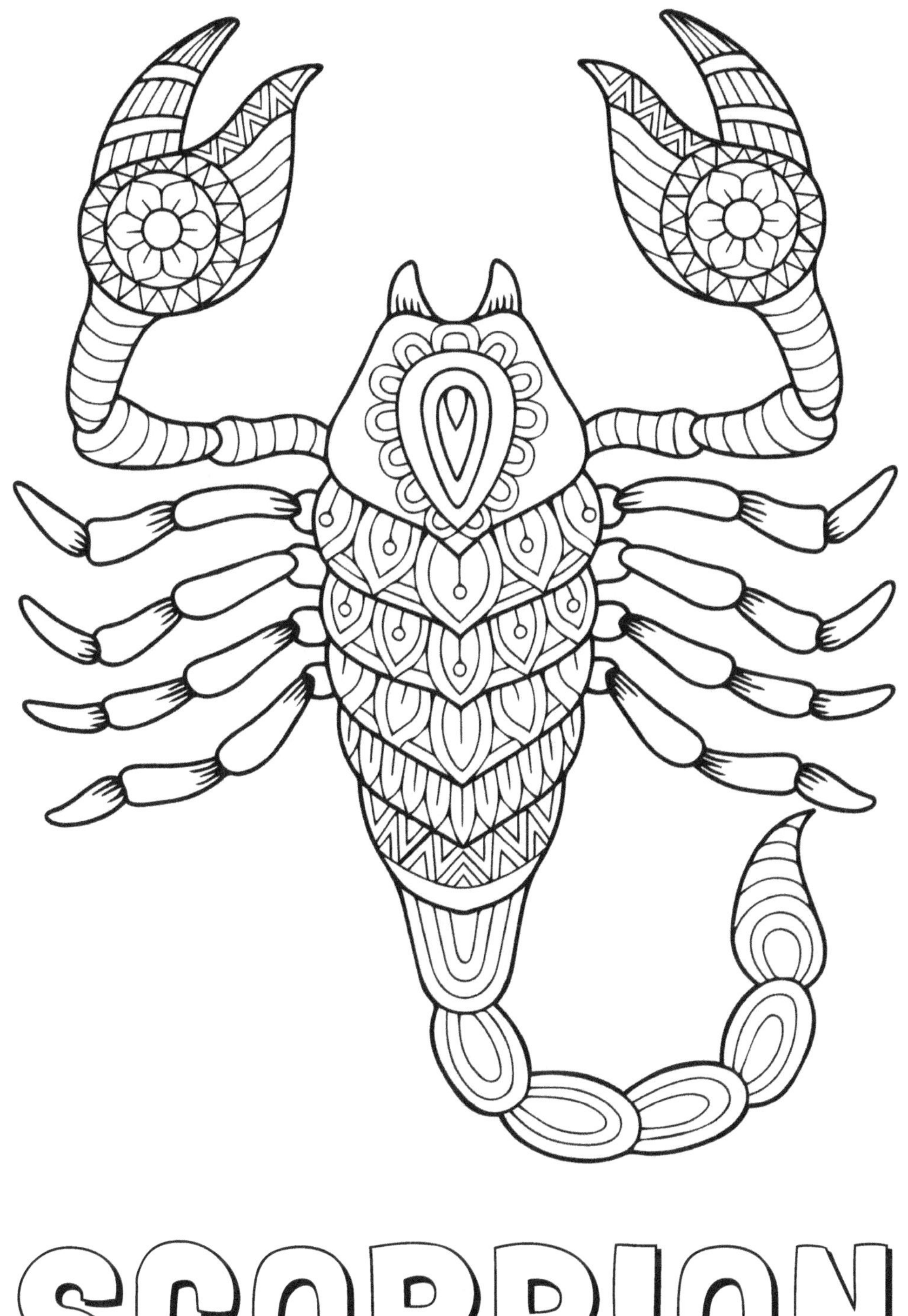

SCORPION

23 Octobre - 22 Novembre

SAGITTAIRE

23 Novembre - 21 Décembre

CAPRICORNE

22 Décembre - 20 Janvier

TAURUS
VIRGO
AQUARIUS
LEO
SCORPIO
CANCER
GEMINI
CAPRICORN
PISCES
ARIES
SAGITTARIUS
LIBRA

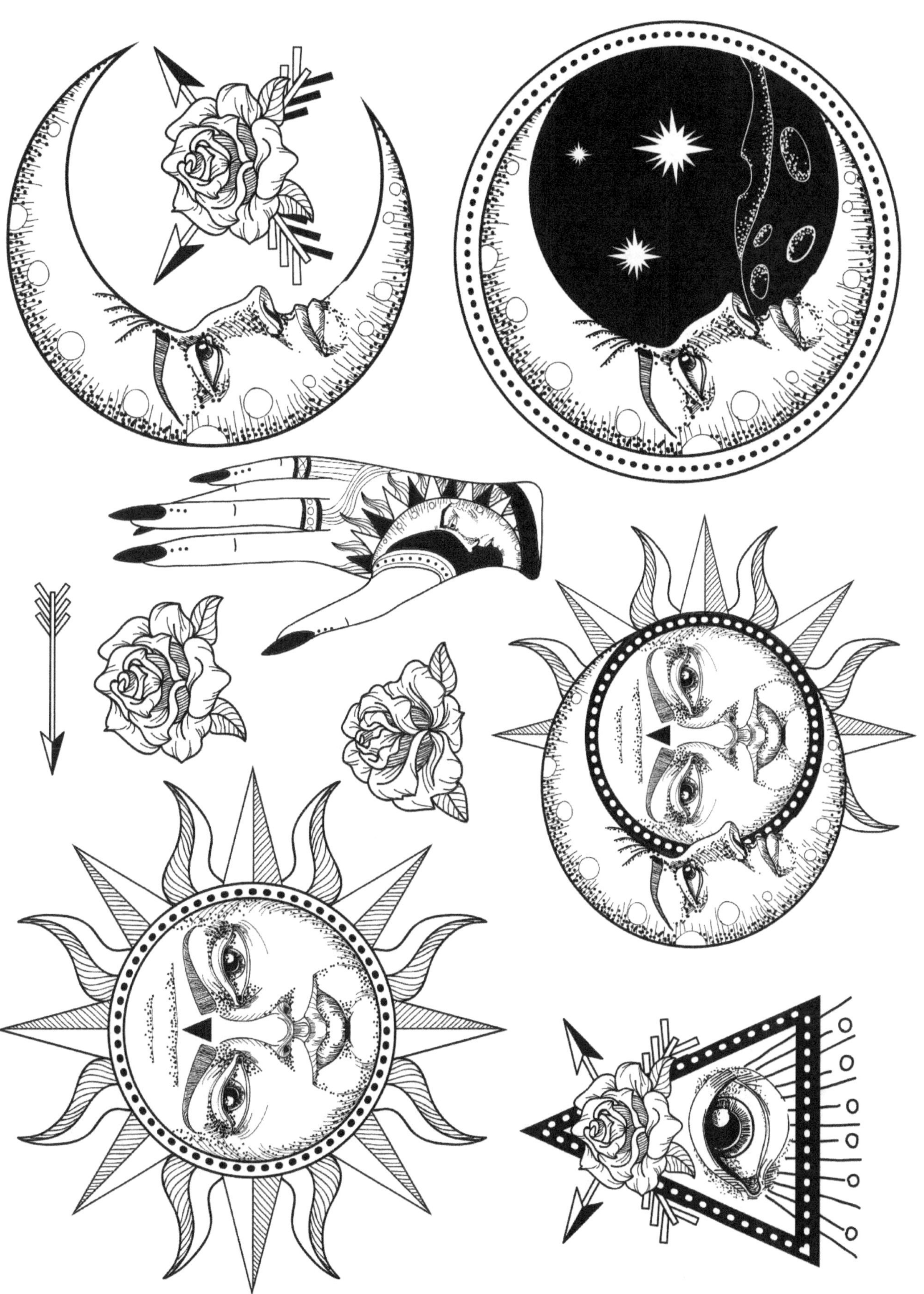

— PARTIE 2 —

Signes Bélier

ARIES

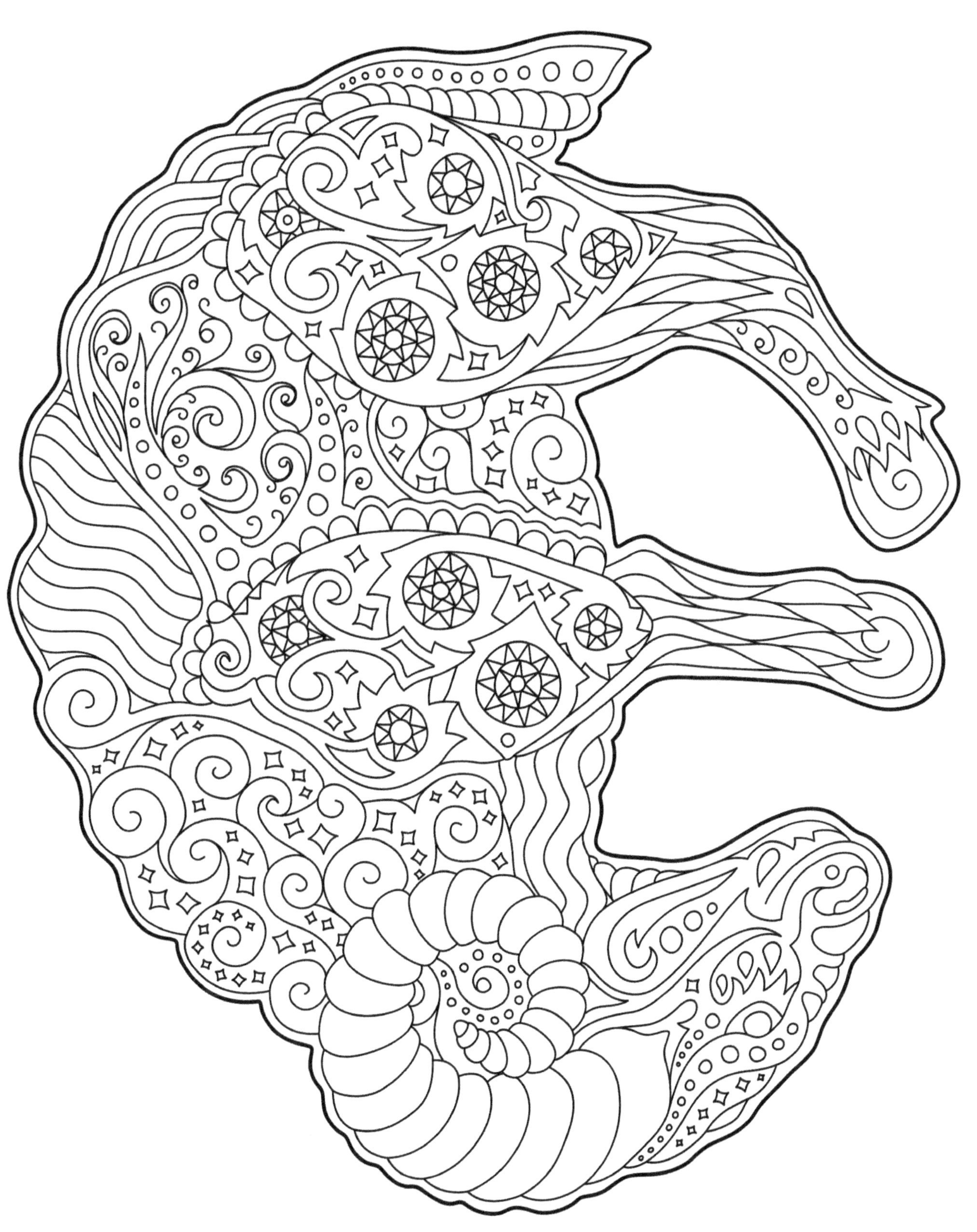

Aries

♈ Aries

ARIES